SIEGLINDE HOLL

Servietten falten

für jeden Anlass

▸28

▸30

▸44

INHALT

05 VORWORT

06 Zarte Schmetterlinge
08 Leuchtende Blume
10 Hoppel-Häschen
12 Munterer Fisch
14 Geburtstagskerze
16 Orientalischer Fächer
18 Asymmetrischer Fächer
20 Einfaches Körbchen
22 Besteckhalter
24 Seerose
26 Romantische Rose

28 Tischkärtchen mal anders
30 Fleur de Lys
32 Sydney
34 Post für dich
36 Niedliches Segelschiff
38 Knospen im Glas
40 Herbstliches Orange
42 Tannenbaum
44 Weißes Stiefelchen
46 Engelsflügel

48 IMPRESSUM

Das Auge isst mit, ...

...weiß schon eine alte Redewendung. Ein liebevoll gedeckter Kaffeetisch oder eine edel geschmückte Tafel macht ein Essen mit der Familie oder den Freunden gleich zu einem besonderen Erlebnis.

Gefaltete Servietten sind für mich auf jedem Tisch das i-Tüpfelchen der Tischdekoration. Die vielfältigen Gestaltungsmöglichkeiten überraschen mich selbst immer wieder aufs Neue. Ob aus Stoff, aus Papier, gemustert, unifarben, gerollt oder gefaltet – es gibt wirklich für jeden Anlass und jeden Geschmack zahlreiche Möglichkeiten. Ich möchte Sie mit meiner Leidenschaft anstecken und Ihnen in diesem Buch ein paar klassische und neue Faltungen zeigen.

In der Grundanleitung erhalten Sie Informationen über das Material, das Decken des Tisches und die Technik des Serviettenfaltens. Anhand von Schrittzeichnungen auf den einzelnen Seiten können Sie auch ohne Erfahrung jede Form Schritt für Schritt problemlos nacharbeiten.

Ob für den ganz besonderen Anlass oder einfach nur für ein schönes Zusammensein mit Freunden – diese Tischdekorationen sprechen garantiert die Sinne an. Lassen Sie es sich und Ihren Gästen schmecken!

Viel Freude beim Falten wünscht Ihnen
Ihre

S. Holl

Zarte Schmetterlinge

der Frühling kommt

MATERIAL

* Vliesserviette in Hellgrün, Dunkelblau oder Gelb, 40 cm x 40 cm

* Papierserviette, 33 cm x 33 cm

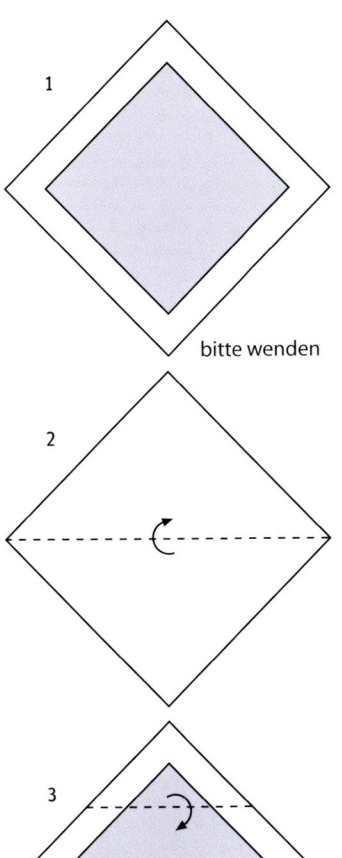

1 Die aufgefaltete Vliesserviette auf den Tisch legen, sodass eine Ecke zu Ihnen zeigt. Die Papierserviette mittig mit der gemusterten Seite nach oben auf die Vliesserviette legen. Beides wenden.

2 Die unteren Ecken nach oben falten. Es entsteht ein Dreieck.

3 Beide oberen Ecken nach unten falten.

4 Die rechte und linke Ecke nach oben falten (4a). Die Arbeit wenden (4b).

5 Die oberen offenen Ecken nach unten falten. Alle Ecken zeigen jetzt nach unten (5a). Die Servietten wieder wenden (5b).

6 Die geschlossene Ecke nach oben falten, sodass diese über dem Dreieck steht (6a). Die Servietten nochmals wenden (6b).

7 Den Schmetterling zusammenklappen (7a) und bis zum Fest mit einer Wäscheklammer fixieren, sodass der Körper ausgeformt wird (7b).

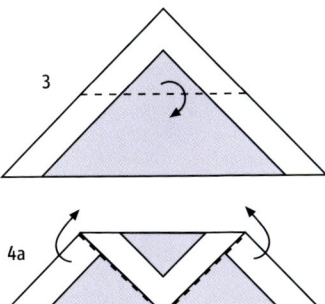

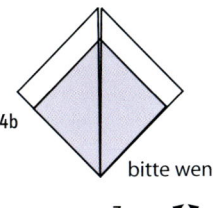

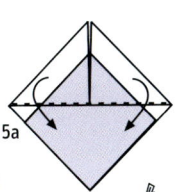

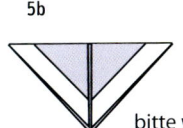

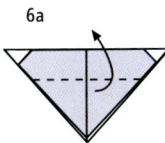

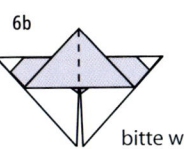

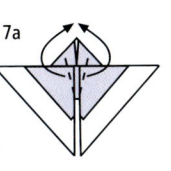

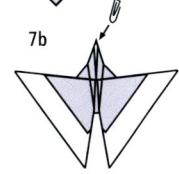

7

Leuchtende Blume

skandinavisch angehaucht

MATERIAL

* Vliesserviette in Hellblau, 40 cm x 40 cm
* Papierserviette, 33 cm x 33 cm
* Gräser

Zunächst die Servietten jeweils aufgefaltet mit der linken Seite nach oben auf den Tisch legen. Jede Serviette einzeln mittig von oben nach unten und dann von links nach rechts falten, sodass sich jeweils ein gefaltetes Quadrat ergibt (siehe auch S. 23 Schritte 1 und 2).

1 Falten Sie die Vliesserviette (1a) und die Papierserviette (1b) zu jeweils einem Dreieck, indem Sie die unteren Ecken auf die oberen Ecken falten.

2 Die Papierserviette auf die Vliesserviette legen. Die Ecke zeigt nach oben.

3 Die rechte und die linke Ecke zu der oberen Ecke falten.

4 Die jetzt oben liegenden Ecken rechts und links nach außen falten. Mit Wäscheklammern fixieren, evtl. bügeln. Die Wäscheklammern erst kurz vor dem Fest entfernen. Die Blüte mit einem Stiel versehen und mit weiteren Gräsern aus der Natur verzieren.

Mein Tipp für Sie

Clever Falls sich die aufeinander liegenden Servietten schwer falten lassen, können Sie diese auch einzeln falten und zum Schluss ineinander legen.

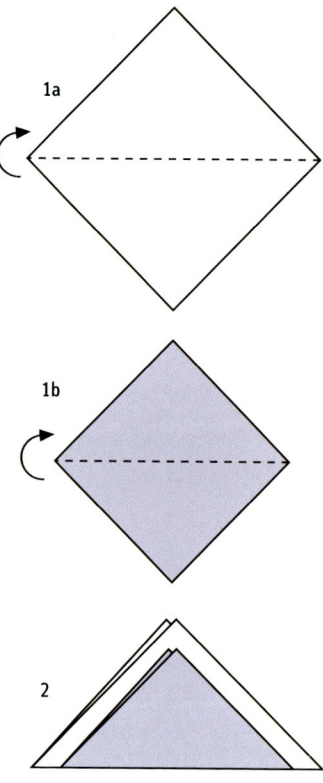

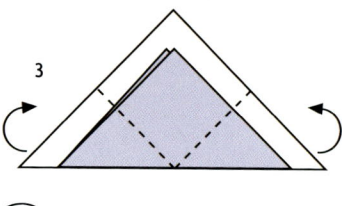

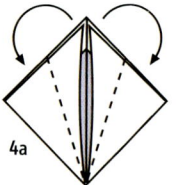

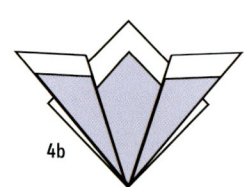

Hoppel-Häschen

nicht nur für Ostern

MATERIAL
* Vliesserviette in Weiß, Champagner oder Braun, 40 cm x 40 cm

1 Die linke Seite der Serviette liegt oben. Falten Sie das untere Drittel der Serviette nach oben und das obere Drittel nach unten.

2 Beide Hälften der Unterkante zur senkrechten Mittellinie nach oben falten.

3 Die rechte und linke obere Ecke zur Mittellinie nach unten falten. Es entsteht ein Quadrat.

4 Falten Sie die rechte und die linke obere Kante zur Mittellinie (4a). Die Serviette wenden (4b).

5 Die untere Ecke nach oben falten.

6 Die Figur entlang der senkrechten Mittellinie nach hinten zusammenklappen.

7 Mit dem Daumen in die Ohren fahren, diese etwas drehen und auseinander drücken. Die Hasen bis zum Fest mit einer Wäscheklammer zusammenhalten oder von unten mit einer Büroklammer fixieren.

1
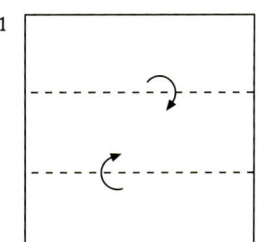

2
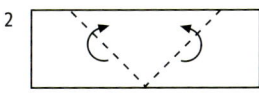

3
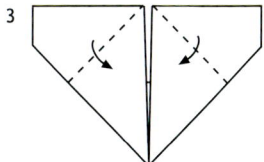

4a
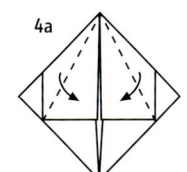

4b
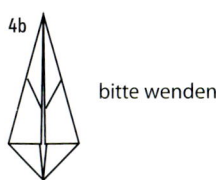

bitte wenden

5

6
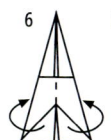

7

Munterer Fisch

frisch auf den Tisch

MATERIAL
* Stoffserviette
  in Hellblau,
  40 cm x 40 cm
* Schokolinsen

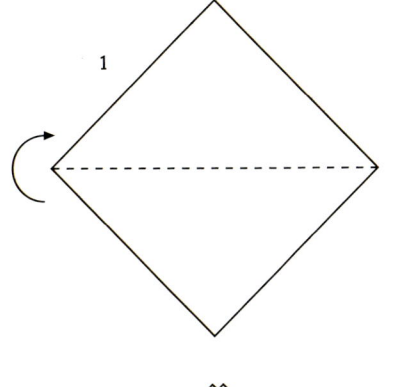

1

1 Die aufgefaltete Serviette liegt mit der linken Seite nach oben auf dem Tisch. Eine Ecke der Serviette zeigt zu Ihnen. Die untere Ecke nach oben falten.

2 Am langen Schenkel des Dreiecks die Serviette 3 cm nach oben falten (2a). Die Serviette nach oben wenden (2b).

3 Falten Sie die rechte und linke Ecke des Dreiecks auf die untere Ecke.

4 Die nach unten weisenden Ecken als Flossen nach rechts und links falten.

5 Den Fisch umdrehen (5a) und abschließend eine Schokolinse als Auge auflegen.

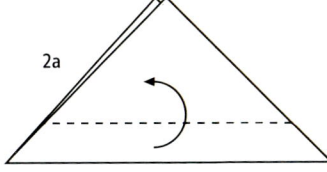

2a

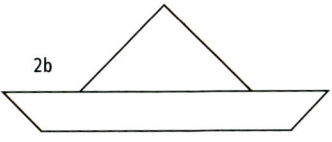

2b

bitte wenden

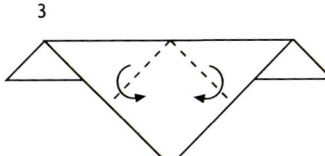

3

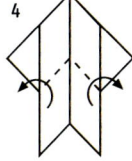

4

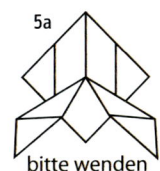

5a

bitte wenden

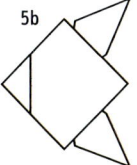

5b

Geburtstagskerze

für's Kaffeekränzchen

MATERIAL

* Vliesserviette in Rot,
  40 cm x 40 cm

1 Die aufgefaltete Serviette mit der linken Seite nach oben auf den Tisch legen, sodass eine Ecke zu Ihnen zeigt. Die untere Hälfte nach oben falten. Es entsteht ein Dreieck.

2 Falten Sie die beiden oberen Ecken nach unten.

3 Die obere Kante auf die untere Kante legen.

4 Die rechte Ecke an der angegebenen Linie nach oben knicken.

5 Die Serviette von dieser Seite aus fest aufrollen.

6 Das Ende der Serviette in die Unterseite der Kerze einstecken oder mit einer Büroklammer fixieren.

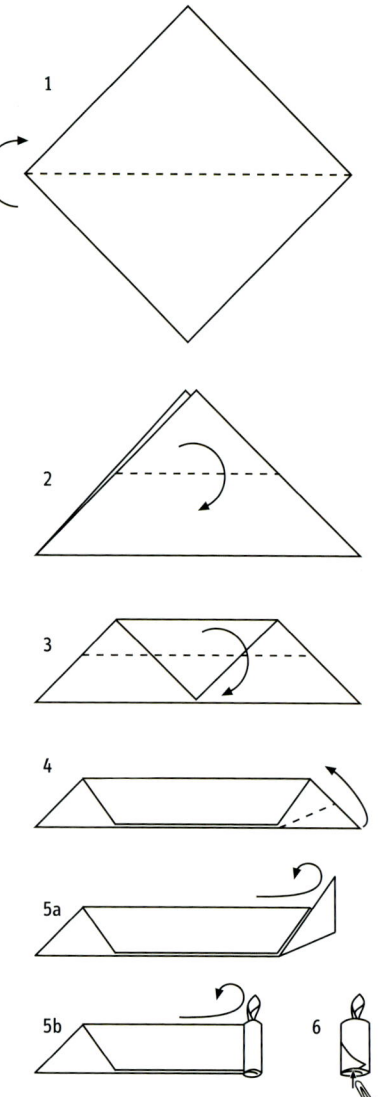

Orientalischer Fächer

für einen kühlen Kopf

MATERIAL

* Stoffserviette
  in Weiß,
  40 cm x 40 cm

* Papierserviette,
  33 cm x 33 cm

1 Die gestärkte Stoffserviette aufgefaltet mit der linken Seite nach oben auf den Tisch legen. Falten Sie die rechte Hälfte nach links (1a). Die Papierserviette ebenso falten (1b) und auf die Stoffserviette legen.

2 Beide Servietten zusammen bis knapp über die Mitte in 2 cm breite Ziehharmonikafalten legen.

3 Die Servietten dann mit hinten liegender Faltung an der Mittellinie nach links falten.

4 Falten Sie die linke obere Ecke schräg nach unten.

5 Das überstehende Ende nach hinten falten. Die Servietten auffächern.

1a
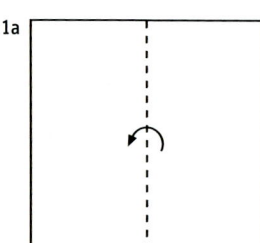

1b
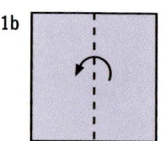

2
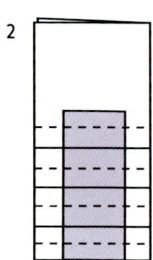

3
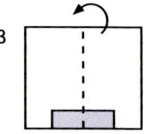

4
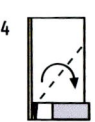

5
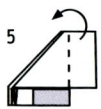

Asymmetrischer Fächer

sinnliches Accessoire

MATERIAL

* Stoffserviette in Weiß,
  40 cm x 40 cm
* Papierserviette,
  33 cm x 33 cm

1 Die gestärkte Stoffserviette aufgefaltet und mit der linken Seite nach oben auf den Tisch legen. Falten Sie die rechte Hälfte nach links (1a). Dann die Papierserviette ebenfalls mit der linken Seite nach oben auf den Tisch legen, sodass die Ecke zu Ihnen gerichtet ist. Die Papierserviette von rechts nach links zu einem Dreieck falten (1b).

2 Die Papierserviette auf die Stoffserviette legen, sodass sie seitlich über die Stoffserviette herausragt. Beide Servietten zusammen bis knapp über die Mitte in 2 cm breite Ziehharmonikafalten legen.

3 Die Servietten mit hinten liegender Faltung an der Mittellinie nach links falten.

4 Falten Sie die linke obere Ecke schräg nach unten.

5 Das überstehende Ende nach hinten falten. Die Servietten auffächern.

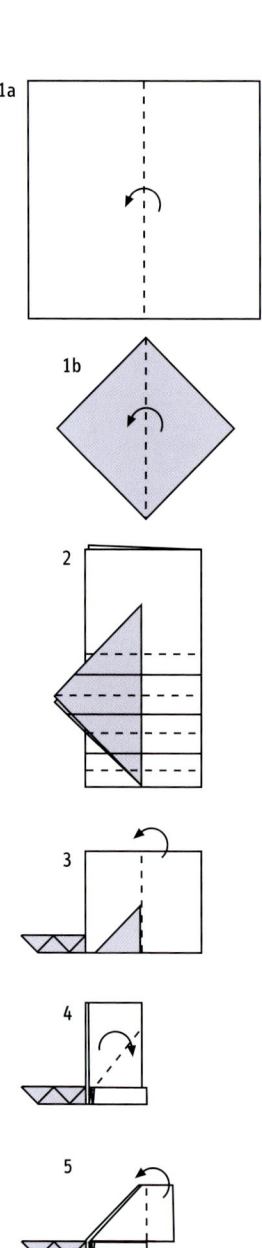

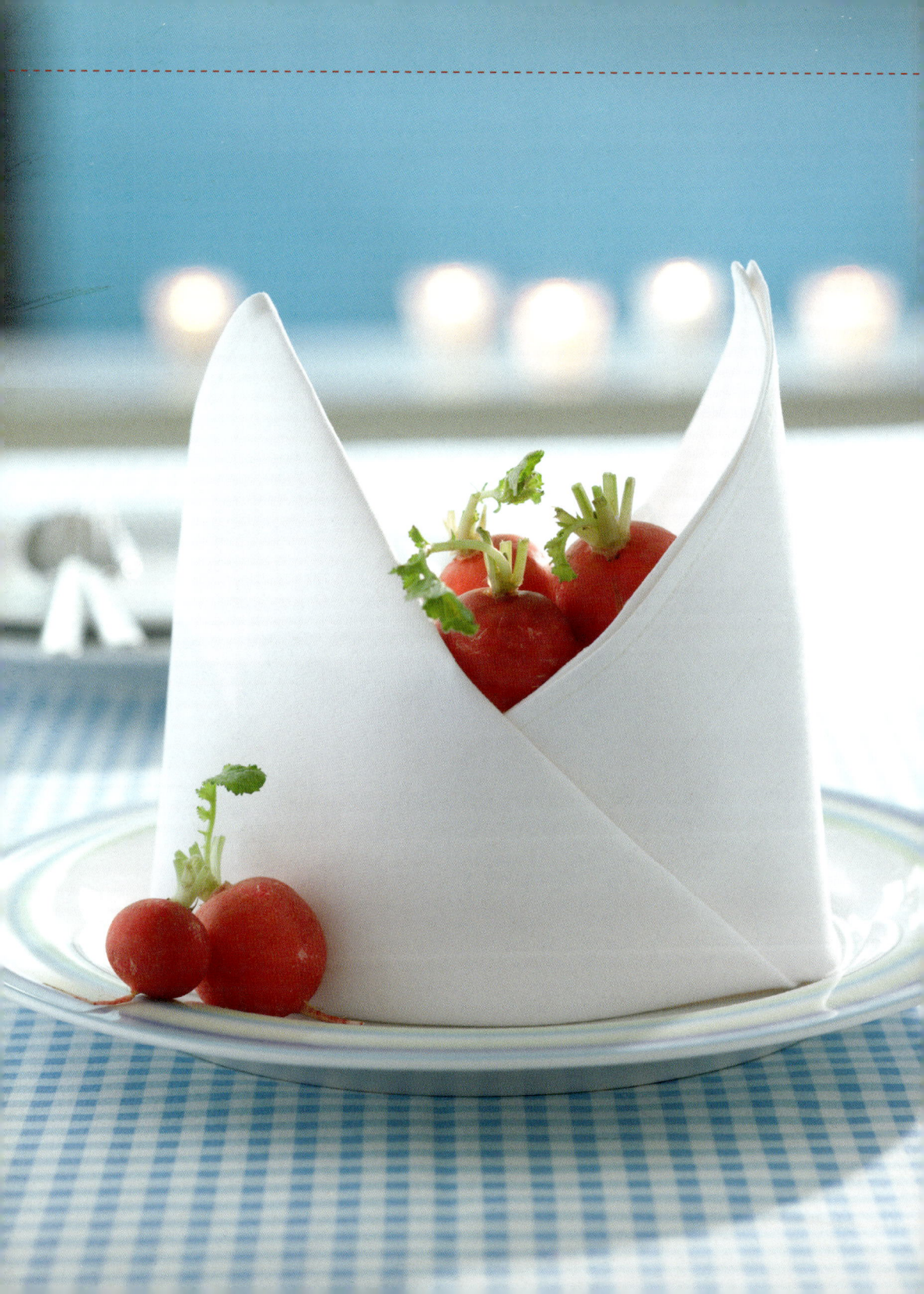

Einfaches Körbchen

schmackhaft gefüllt

MATERIAL

* Stoffserviette in Weiß,
  50 cm x 50 cm

1 Die aufgefaltete Serviette mit der linken Seite nach oben auf den Tisch legen. Die obere Hälfte nach unten falten.

2 Die rechte seitliche Kante auf die untere Kante legen.

3 Die linke seitliche Kante auf die obere Kante legen.

4 Die Serviette wenden (4a) und um 45 Grad nach rechts drehen, sodass die längeren Seiten der Raute parallel zur Tischkante liegen (4b).

5 Die Raute zur Hälfte nach unten falten. Dabei die rechte Ecke nicht mit herunterfalten; sie bleibt aufgerichtet. Die linke Ecke von hinten aufrichten. Diese beiden Ecken stehen später beim Körbchen nach oben.

6 Die äußere rechte Ecke nach vorne klappen und hinter dem oben liegenden Dreieck einstecken.

7 Die Serviette wenden (7a) und die zweite Ecke ebenso einstecken (7b).

8 Das Körbchen aufstellen, in Form bringen und mit Radieschen füllen.

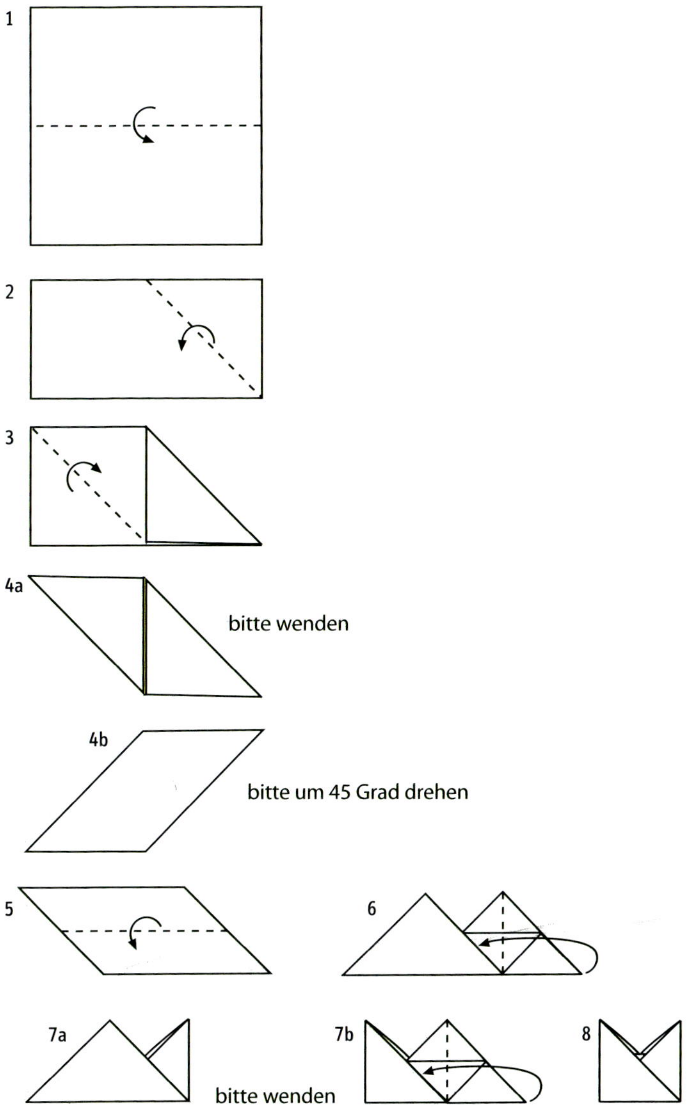

1

2

3

4a

bitte wenden

4b

bitte um 45 Grad drehen

5

6

7a

7b

bitte wenden

8

Besteckhalter

einfach und effektvoll

MATERIAL

* Papierserviette in Hellgrün/Grün zweiseitig, 33 cm x 33 cm
* gemusterte Papierserviette, 33 cm x 33 cm

1 Die beiden Servietten jeweils einzeln mit der linken Seite nach oben auf den Tisch legen. Die Servietten dann zur Hälfte nach unten falten.

2 Die rechte Seite nach links falten.

3 Die entstandenen Quadrate so drehen, dass eine Ecke zu Ihnen gerichtet ist. Bei der grünen Serviette muss dabei die offene Seite zu Ihnen zeigen. Bei der gemusterten Serviette liegt die offene Seite links. Jeweils die unteren Ecken auf die oberen Ecken falten.

4 Die Papierservietten sind jetzt dreieckig.

5 Bei der gemusterten Serviette die obere Ecke der ersten Lage an einer Linie mit 3,5 cm Abstand vom langen Schenkel des Dreiecks nach unten falten. Die Ecke ist von der oberen Kante bis zur Spitze ca. 8 cm lang.

6 Die Ecke dann bei 2,5 cm Abstand zur oberen Kante zurück nach oben falten, sodass 5,5 cm Spitze bleibt.

7 Diese verbliebene Ecke wiederum nach 3,5 cm nach unten falten.

8 Wenden Sie die Serviette.

9 Die zweite Ecke nun wie in Schritt 5 nach unten falten (9a) und die Serviette wenden (9b).

10 Die gemusterte Serviette um 180 Grad drehen und auf die grüne Serviette legen.

11 Falten Sie alle seitlichen Ecken nach hinten und fixieren Sie sie evtl. mit Büroklammern. Arrangieren Sie die Servietten zusammen mit dem Besteck in einem Glas.

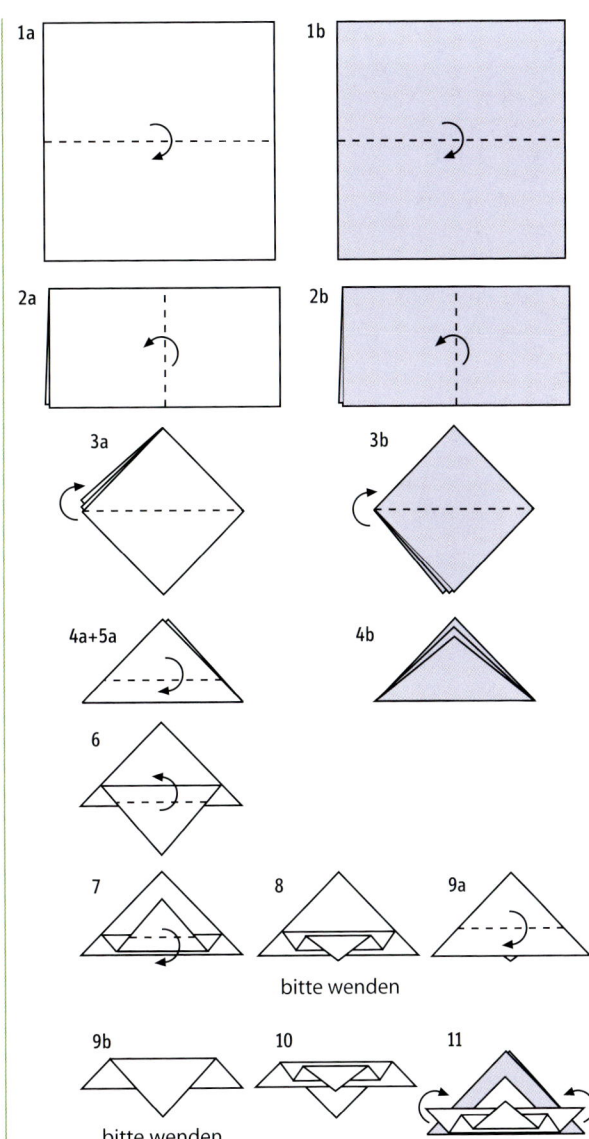

Seerose

mit Asien-Touch

MATERIAL

FÜR DAS BLATT
* Stoffserviette in Hellgrün, 40 cm x 40 cm

FÜR DIE SEEROSE
* Vliesserviette in Rosa, 40 cm x 40 cm

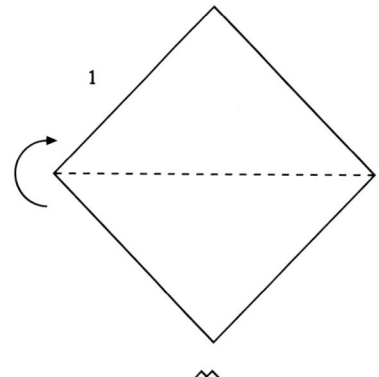

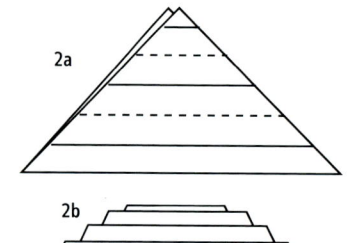

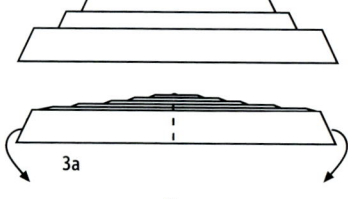

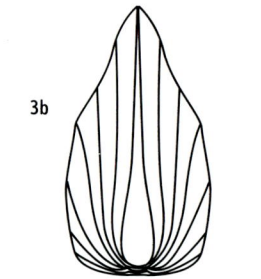

← Blatt

1 Die aufgefaltete Serviette mit der Rückseite nach oben auf den Tisch legen, sodass die Ecke zu Ihnen weist. Die Serviette genau in der Mitte nach oben falten.

2 Legen sie die Serviette nun in ca. 2 cm breite Ziehharmonikafalten.

3 Die in Falten gelegte Serviette genau in der Mitte falten (3a) und locker aufspringen lassen.

Seerose →

1 Die aufgefaltete Serviette mit der Rückseite nach oben auf den Tisch legen. Falten Sie die vier Ecken zur Mitte.

2 Die Faltung auf derselben Seite wiederholen.

3 Die Serviette wenden (3a) und die Ecken wieder zur Mitte falten (3b).

4 Die Ecken, die auf der Rückseite des Quadrats unter den Ecken liegen, vorsichtig herausziehen. Dabei mit den Fingern die Mitte festhalten.

5 Ziehen Sie zuletzt die auf der Rückseite versetzt dazu liegenden Ecken vorsichtig heraus (5a).

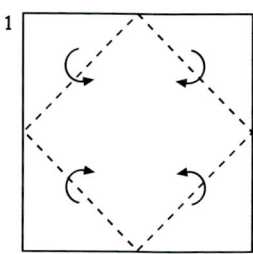

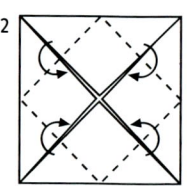

bitte wenden

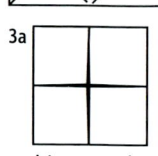

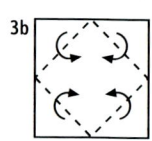

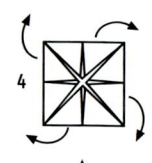

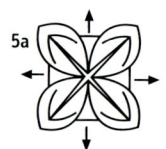

24

Romantische Rose

für besondere Anlässe

MATERIAL

FÜR DAS BLATT
* Vliesserviette in Grün, 40 cm x 40 cm

FÜR DIE ROSE
* Vliesserviette in Rot, 40 cm x 40 cm

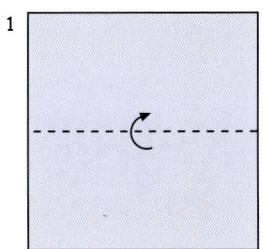

← Blatt

1 Die aufgefaltete Serviette mit der linken Seite nach oben auf den Tisch legen. Falten Sie die untere Hälfte der Serviette nach oben.

2 Die linke Hälfte der Serviette nach rechts falten und die Serviette um 45 Grad nach rechts drehen. Die Faltung ist jetzt rechts offen.

3 Die linke Ecke zur Mittellinie falten.

4 Die rechte Ecke zur Mittellinie falten.

5 Das Blatt umdrehen.

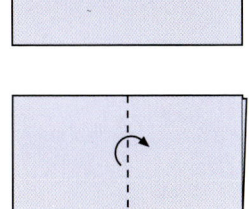

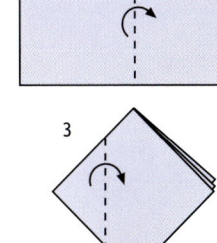

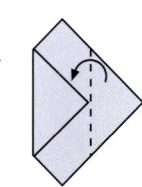

bitte wenden

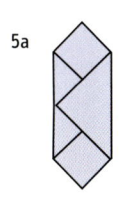

Rose →

1 Die aufgefaltete Serviette mit der linken Seite nach oben auf den Tisch legen, sodass eine Ecke zu Ihnen gerichtet ist. Die obere Ecke genau zur Mitte falten.

2 Die untere Ecke ebenfalls genau zur Mitte falten, sodass sich die beiden Ecken berühren.

3 Falten Sie die obere Hälfte der Serviette so, dass die obere Kante an der Mittellinie liegt.

4 Falten Sie anschließend die untere Hälfte der Serviette ebenfalls zur Mitte.

5 Nun die untere Hälfte der Serviette nach oben falten.

6 Die Serviette dann zur Blüte rollen. Beginnen Sie links mit dem Einrollen der Serviette.

7 Wenn Sie einige Runden gerollt haben, nehmen Sie das aufgerollte Stück in die linke Hand. Beim weiteren Aufrollen dann mit der rechten Hand den Rand der Blütenblätter leicht nach außen formen. Das Ende der Serviette in die Unterseite der Rose stecken oder mit einer Büroklammer fixieren. Die Rose auf dem Blatt drapieren.

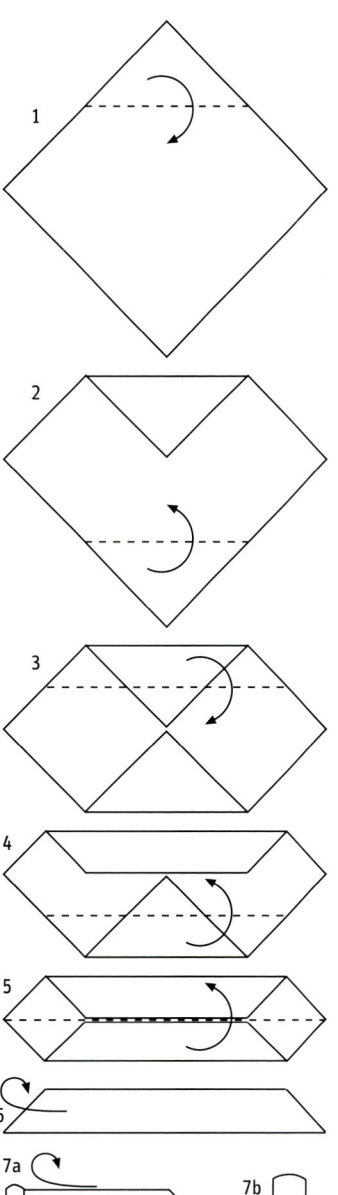

Tischkärtchen mal anders

wer sitzt wo?

MATERIAL
* Vliesserviette in Rot,
40 cm x 40 cm

1 Die Serviette aufgefaltet und mit der linken Seite nach oben auf den Tisch legen. Das untere Viertel der Serviette nach oben und das obere Viertel nach unten an die Mittellinie falten.

2 Falten Sie die untere Hälfte der Serviette nach oben.

3 Die beiden oberen Ecken nach unten falten, sodass die oberen Kanten an der senkrechten Mittellinie liegen.

4 Die Rechtecke unterhalb des Dreiecks nach oben aufrollen.

5 Die entstandenen Rollen festhalten und die Faltung wenden.

6 Die rechte Spitze der Faltung mit der Rolle zur oberen Spitze falten.

7 Ebenso die linke Seite falten. Unter den Rollen entsteht ein Viereck. Stabilisieren Sie die Faltung, indem Sie die Rollen mit Büroklammern fixieren. Die Serviette eignet sich hervorragend als Tischkartenhalter.

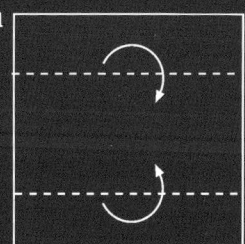

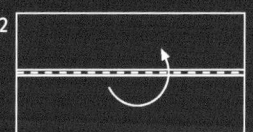

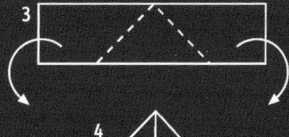

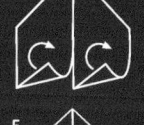

bitte wenden

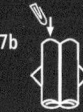

Mein Tipp für Sie

Größere Variante Diese Faltung lässt sich mit der gleichen Serviette in einer anderen Größe arbeiten (Serviette hinten auf dem Foto). Falten Sie dazu zuerst das untere Drittel nach oben, danach das obere Drittel nach unten, wie beim Häschen auf Seite 11. Ab Schritt 3 wie beschrieben weiterarbeiten. Die Rollen werden so etwas dünner, dafür aber länger. So können Sie Ihre Faltung beispielsweise an die Größe des Tellers anpassen.

Fleur de Lys

stilvoll

MATERIAL

* Stoffserviette in Rosa,
  40 cm x 40 cm

1 Die Serviette aufgefaltet und mit der linken Seite nach oben auf den Tisch legen. Die Serviette zur Hälfte nach unten falten.

2 Die rechte und die linke obere Ecke nach unten zur senkrechten Mittellinie falten.

3 Dann die rechte und die linke untere Ecke jeweils nach oben zur senkrechten Mittellinie falten, sodass ein Quadrat entsteht, dessen geschlossene Ecke in Ihre Richtung zeigt.

4 Anschließend die rechte obere Ecke und die linke obere Ecke nach außen falten. Die Spitzen ragen jetzt über den Rand hinaus.

5 Die untere Ecke zusammendrücken. Die Seitenteile leicht öffnen, um die Lilienform anzudeuten.

Mein Tipp für Sie

Serviettenring anlegen Sie können auch die untere Ecke zusammendrücken und durch einen Serviettenring ziehen. Dadurch wird die Blüte noch stärker ausgeformt.

1

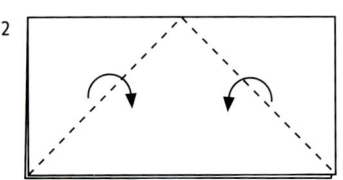

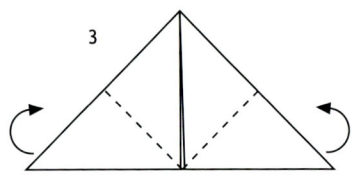

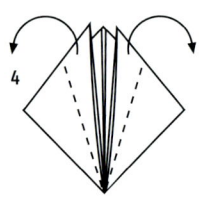

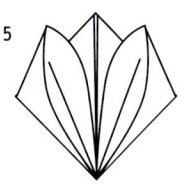

Sydney

nicht nur für Opernfans

MATERIAL
* Stoffserviette in Weiß,
  50 cm x 50 cm

1 Die gestärkte Stoffserviette aufgefaltet und mit der linken Seite nach oben auf den Tisch legen. Zur Hälfte nach oben falten.

2 Nochmals zur Hälfte von links nach rechts falten.

3 Die Serviette jetzt so drehen, dass die offene Seite nach oben zeigt. Dann alle oberen Ecken zur Hälfte nach unten falten.

4 Die obere Stofflage etwa 1,5 cm unterhalb der Mittellinie wieder nach oben falten.

5 Dann ebenso in immer größeren Abständen zur Mittellinie die zweite Stofflage, ...

6 ... dritte Stofflage und ...

7 ... vierte Stofflage falten.

8 Die Faltung an der senkrechten Mittellinie nach hinten falten und gut festdrücken. Die Serviette aufstellen und die hochstehenden Ecken leicht nach vorne ziehen. Die hinteren Ecken mit Wäscheklammern fixieren und erst kurz vor dem Fest entfernen.

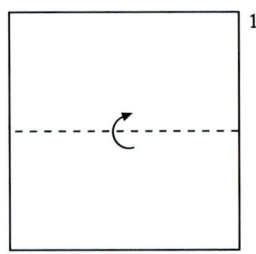
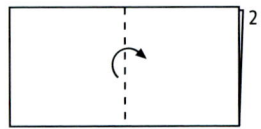
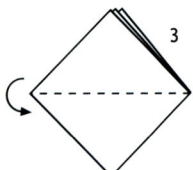
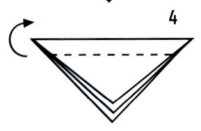
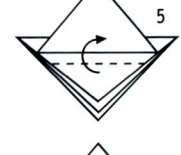
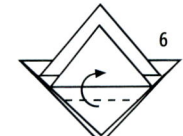

Post für dich

ein Gruß aus der Ferne

MATERIAL
* Stoffserviette in Weiß,
  40 cm x 40 cm

1 Die Serviette aufgefaltet und mit der linken Seite nach oben auf den Tisch legen. Eine Ecke weist zu Ihnen. Die untere Ecke auf die obere Ecke legen.

2 Zwei Drittel der linken Ecke nach rechts falten.

3 Anschließend zwei Drittel der rechten Ecke nach links falten.

4 Die auf der linken Ecke liegende Spitze an der Mittellinie nach rechts falten. Das entstandene kleine Dreieck zu einem Viereck auffalten.

5 Die Lasche des Briefes nach unten falten ...

6 ... und in dem kleinen Viereck verstecken.

Mein Tipp für Sie

Kleine Überraschung Das kleine Viereck kann mit Süßigkeiten oder Blümchen gefüllt werden.

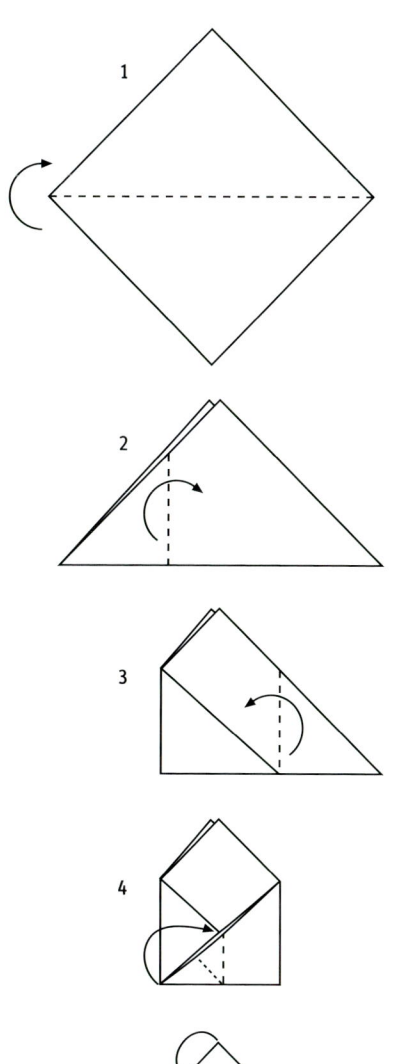

Niedliches Segelschiff

maritim in Blau-Weiß

MATERIAL
* Stoffserviette in
  Blau-Weiß gestreift,
  40 cm x 40 cm

1 Die Serviette mit der linken Seite nach oben auf den Tisch legen und die obere Hälfte nach unten falten.

2 Falten Sie die rechte obere Ecke zur senkrechten Mittellinie.

3 Dann die rechte untere Ecke auf die linke untere Ecke falten.

4 Falten Sie anschließend die linke obere Ecke auf die rechte untere Ecke. Das entstandene Dreieck ist unten offen.

5 Den unteren Rand des Dreiecks im Abstand von 4 cm nach oben falten.

6 Fahren Sie mit Ihrer Hand in die Mitte der eben hochgeklappten Serviettenlagen und stülpen Sie die 4 cm lange Kante um. Den Hohlraum ausbeulen und das Schiff aufstellen.

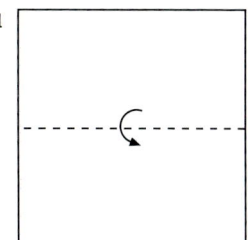

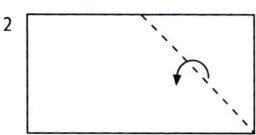

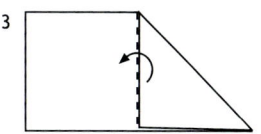

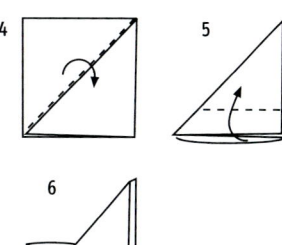

Knospen im Glas

sorgen für aufblühende Stimmung

MATERIAL
* Stoffserviette
  in Rosa,
  40 cm x 40 cm

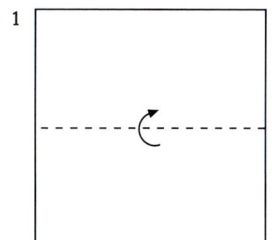
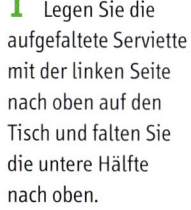
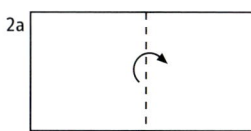
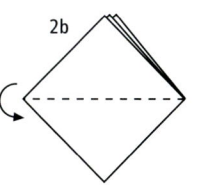
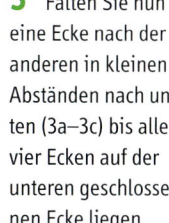
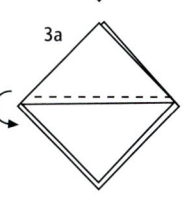
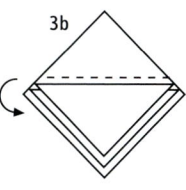
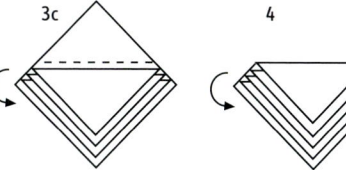

1 Legen Sie die aufgefaltete Serviette mit der linken Seite nach oben auf den Tisch und falten Sie die untere Hälfte nach oben.

2 Die linke Hälfte nach rechts falten (2a). Die geöffneten Ecken zeigen nun nach oben (2b).

3 Falten Sie nun eine Ecke nach der anderen in kleinen Abständen nach unten (3a–3c) bis alle vier Ecken auf der unteren geschlossenen Ecke liegen.

4 Die seitlichen Ecken nach hinten übereinander legen und die Serviette so in ein Glas stellen.

Herbstliches Orange

in zwei Varianten

MATERIAL

RING MIT SEITLICHEM FÄCHER

* Vliesserviette in Terrakotta, 40 cm x 40 cm

RING MIT FÄCHERRAND

* Vliesserviette in Terrakotta, 40 cm x 40 cm

Ring mit seitlichem Fächer

1 Die aufgefaltete Serviette mit der linken Seite nach oben auf den Tisch legen. Falten Sie die untere Hälfte der Serviette nach oben.

2 Anschließend die Serviette an der senkrechten Mittellinie nach rechts falten. Es entsteht ein Quadrat.

3 Die Serviette um 45 Grad nach rechts drehen, sodass die offene Ecke rechts liegt. Die obere der vier Lagen von der senkrechten Mittellinie beginnend ziehharmonikaartig falten und den so entstandenen Fächer fest andrücken.

4 Falten Sie die Serviette entlang der waagerechten Mittellinie nach hinten zum Dreieck.

5 Die seitlichen Ecken des Dreiecks nach hinten umschlagen und ineinander stecken.

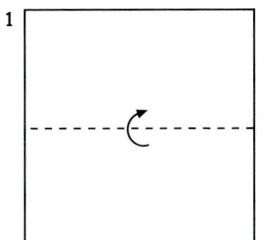

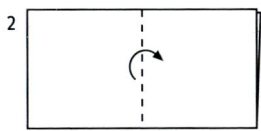

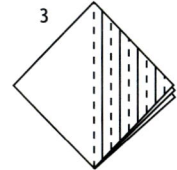
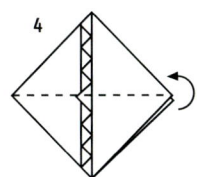
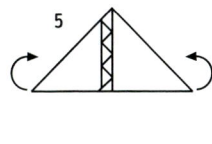

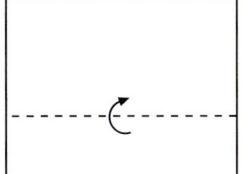

1

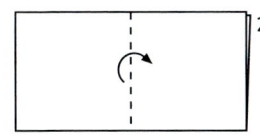

2

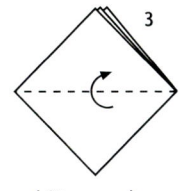

3

bitte wenden

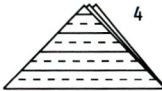
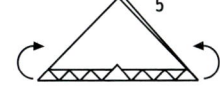

4

5

Ring mit Fächerrand

1+2 Falten Sie die Serviette wie in Schritt 1 und 2 der Anleitung „Ring mit seitlichem Fächer" beschrieben.

3 Die Serviette um 45 Grad nach links drehen, sodass die offene Ecke oben liegt. Die Serviette entlang der waagerechten Mittellinie zum Dreieck falten und wenden.

4 Die obere der vier Lagen ziehharmonikaartig falten und den so entstandenen Fächer fest andrücken.

5 Die seitlichen Ecken des Dreiecks nach hinten umschlagen und ineinander stecken.

Tannenbaum

es weihnachtet sehr

MATERIAL

* Vliesserviette
  in Hellgrün,
  40 cm x 40 cm

* Vliesserviette
  in Tannengrün,
  40 cm x 40 cm

1 Die beiden Servietten jeweils aufgefaltet und mit der linken Seite nach oben auf den Tisch legen. Die untere Hälfte jeweils nach oben falten (1a und 1b).

2 Beide zur Hälfte gefalteten Servietten aufeinander legen (2a). Die tannengrüne Serviette liegt unten. Anschließend die linke Hälfte nach rechts falten (2b).

3 Die Servietten um 45 Grad nach links drehen, sodass die offene Ecke oben liegt.

4 Die untere geschlossene Ecke 4 cm nach oben falten.

5 Zunächst die zwei tannengrünen offenen Ecken kurz vor der Mittellinie nach unten falten (5a). Anschließend die Ecken 4 cm nach oben falten.

6 Falten Sie nun die nächsten beiden hellgrünen Ecken mit etwas Abstand nach unten (6a). Anschließend die Spitzen 4 cm nach oben falten (6b).

7 Die nächste hellgrüne Ecke einzeln nach unten und an den Spitzen wieder mit 4 cm Abstand nach oben falten.

8 Ebenso die nächste hellgrüne Ecke falten.

9 Mit der nächsten tannengrünen Ecke genauso verfahren …

10 … und ebenso mit der letzten tannengrünen Ecke.

11 Die seitlichen Spitzen der Faltung nach hinten führen und mit einer Büroklammer fixieren. Fertig ist der Tannenbaum!

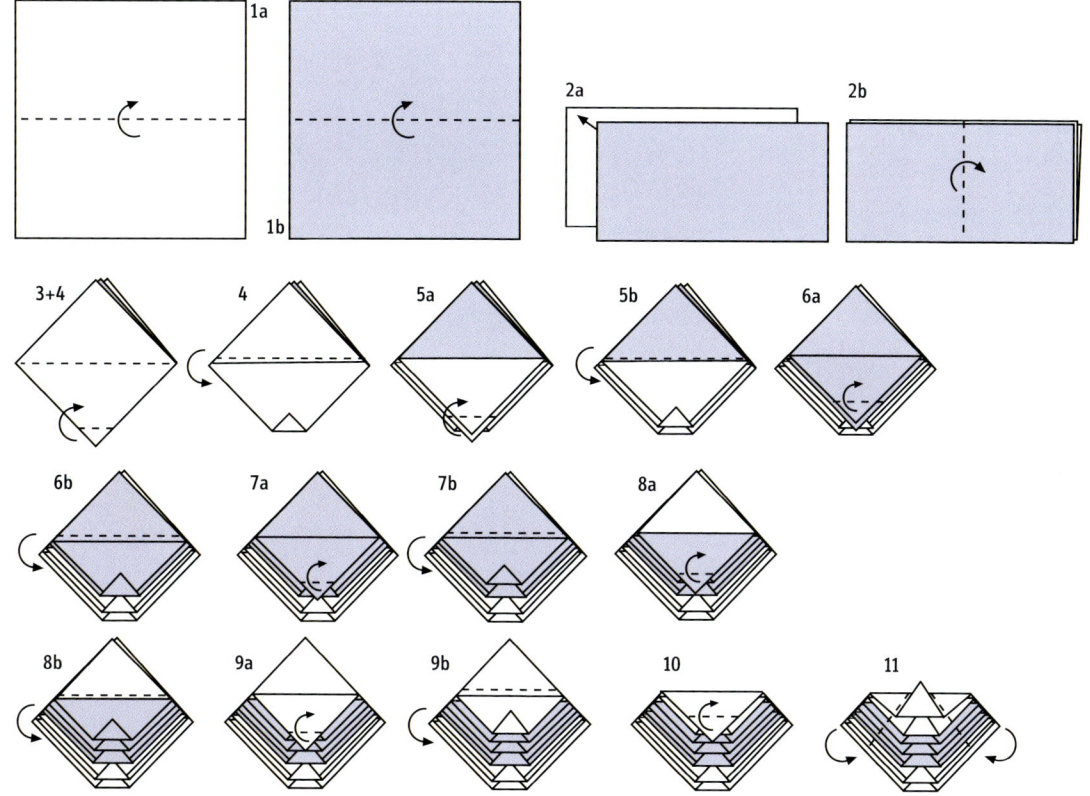

Weißes Stiefelchen

wem das wohl gehört?

MATERIAL
* Stoffserviette in Weiß,
  40 cm x 40 cm

1 Die aufgefaltete Serviette mit der linken Seite nach oben auf den Tisch legen. Das obere Viertel der Serviette nach unten zur waagerechten Mittellinie, das untere Viertel ebenso nach oben falten.

2 Falten Sie die untere Hälfte nach oben.

3 Die rechte und die linke Seite entlang der senkrechten Mittellinie nach unten falten.

4 Beide Hälften noch einmal zur senkrechten Mittellinie falten.

5 Dann entlang der senkrechten Mittellinie zusammenfalten. Die Schuhspitze ist jetzt nach oben gerichtet.

6 Die obere Lage der Faltung als Stiefelschaft nach links falten.

7 Die untere Lage schmaler falten (7a) und als Ferse über den Stiefelschaft in die Falte der Schuhspitze stecken (7b).

8 Den Stiefel aufstellen.

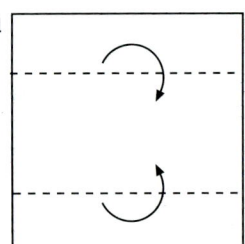

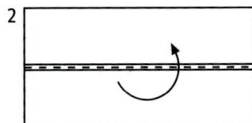

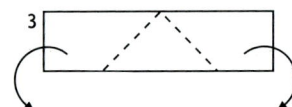

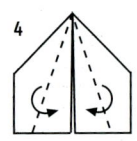
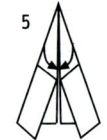

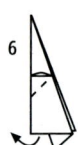
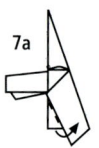

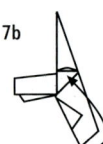

Engelsflügel

in weihnachtlichem Glanz

MATERIAL

* Vliesserviette in Weiß, 40 cm x 40 cm

1 Die aufgefaltete Serviette mit der linken Seite nach oben auf den Tisch legen. Eine Ecke zeigt zu Ihnen.

2 Die Serviette in 2 cm breite Ziehharmonika-falten legen und diese festdrücken.

3 Falten Sie die in Falten liegende Serviette in der Mitte und drücken Sie die Faltung nochmals fest zusammen.

4 Die Serviette an der Mittelfalte halten und mit einer Schleife fixieren.

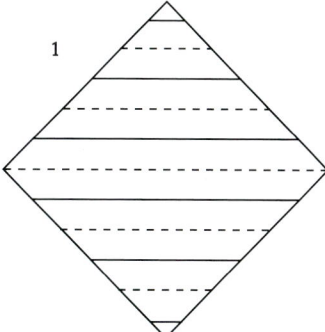

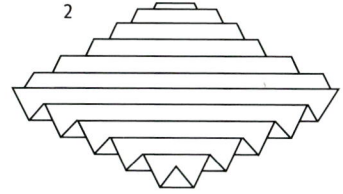

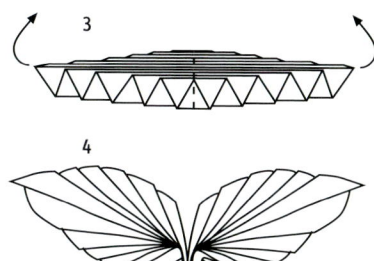

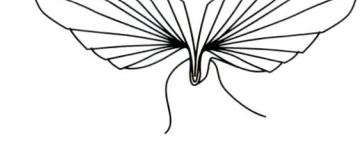

Sieglinde Holl lebt in Baden-Württemberg und hatte bis 1996 einen Bastelladen. Sie ist seit über 25 Jahren als Autorin für den frechverlag tätig und hat bereits über 170 Bastelbücher zu den verschiedensten Techniken veröffentlicht. Inzwischen macht sie viele Titel zusammen mit ihrer Tochter Stephanie Göhr.
Ihre Schwerpunkte sind Floristik, Geldgeschenke und natürlich Servietten falten.

DANKE!

Ich bedanke mich ganz herzlich bei den Firmen Pichler in Laichingen, IHR in Essen, Rayher Hobby GmbH in Laupheim, KnorrPrandell GmbH in Lichtenfels und Duni in Bramsche für die freundliche Bereitstellung von Servietten zum Experimentieren und Fotografieren. Ebenfalls danke ich Familie Seeger aus dem Landgasthof Rössle in Waldenbuch für das Ausleihen der Stoffservietten.

TOPP – Unsere Servicegarantie

WIR SIND FÜR SIE DA! Bei Fragen zu unserem umfangreichen Programm oder Anregungen freuen wir uns über Ihren Anruf oder Ihre Post. Loben Sie uns, aber scheuen Sie sich auch nicht, Ihre Kritik mitzuteilen – sie hilft uns, ständig besser zu werden.

Bei Fragen zu einzelnen Materialien oder Techniken wenden Sie sich bitte an unseren Kreativservice, Frau Erika Noll.
    mail@kreativ-service.info
    Telefon 0 50 52 / 91 18 58

Das Produktmanagement erreichen Sie unter:
    pm@frechverlag.de
    oder:
    frechverlag
    Produktmanagement
    Turbinenstraße 7
    70499 Stuttgart
    Telefon 07 11 / 8 30 86 68

LERNEN SIE UNS BESSER KENNEN! Fragen Sie Ihren Hobbyfach- oder Buchhändler nach unserem kostenlosen Kreativmagazin **Meine kreative Welt.** Darin entdecken Sie vierteljährlich die neuesten Kreativtrends und interessantesten Buchneuheiten.

Oder besuchen Sie uns im Internet! Unter **www.topp-kreativ.de** können Sie sich über unser umfangreiches Buchprogramm informieren, unsere Autoren kennenlernen sowie aktuelle Highlights und neue Kreativtechniken entdecken, kurz – die ganze Welt der Kreativität.

Kreativ immer up to date sind Sie mit unserem monatlichen **Newsletter** mit den aktuellsten News aus dem frechverlag, Gratis-Bastelanleitungen und attraktiven Gewinnspielen.

IMPRESSUM

FOTOS: frechverlag GmbH, 70499 Stuttgart; Ullrich & Co., Renningen (Schrittfotos), lichtpunkt, Michael Ruder, Stuttgart (Modellfotos), Sieglinde Holl (Autorenfoto)
ZEICHNUNGEN: Stephanie Göhr
PRODUKTMANAGEMENT: Susanne Meyer
LEKTORAT: Susanne Meyer und Susanne Dubbers
GESTALTUNG: Atelier Schwab, Handewitt
DRUCK: Grafisches Centrum Cuno GmbH & Co. KG, Calbe   Printed in Germany

Auflage: 5.   4.   3.   2.   1.
Jahr: 2015   2014   2013   2012   2011   [Letzte Zahlen maßgebend]

© 2011 frechverlag GmbH, 70499 Stuttgart

ISBN 978-3-7724-3950-6 • Best.-Nr. 3950